新雅·成長館

情緒 小管家

遭遇挫折，別灰心

吉爾·赫遜 著

莎拉·詹寧斯 繪

這真令人灰心啊！

說不定這本書能幫你一把？

當然可以！這本書提供了很多方法，幫助我們面對挫折。

新雅文化事業有限公司

www.sunya.com.hk

新雅・成長館

情緒小管家：遭遇挫折，別灰心

作　　者：吉爾・赫遜（Gill Hasson）
繪　　圖：莎拉・詹寧斯（Sarah Jennings）
翻　　譯：何思維
責任編輯：黃楚雨
美術設計：鄭雅玲
出　　版：新雅文化事業有限公司
　　　　　香港英皇道499號北角工業大廈18樓
　　　　　電話：（852）2138 7998
　　　　　傳真：（852）2597 4003
　　　　　網址：http://www.sunya.com.hk
　　　　　電郵：marketing@sunya.com.hk
發　　行：香港聯合書刊物流有限公司
　　　　　香港荃灣德士古道220-248號荃灣工業中心16樓
　　　　　電話：（852）2150 2100
　　　　　傳真：（852）2407 3062
　　　　　電郵：info@suplogistics.com.hk
印　　刷：中華商務彩色印刷有限公司
　　　　　香港新界大埔汀麗路36號
版　　次：二〇二一年一月初版
　　　　　二〇二一年七月第二次印刷
版權所有・不准翻印

ISBN: 978-962-08-7649-3

Original Title: *KIDS CAN COPE : Step Back from Frustration*
First published in Great Britain in 2021 by The Watts Publishing Group
Copyright in the text Gill Hasson 2021
Copyright in the illustrations Franklin Watts 2021
All rights reserved
Edited by Jackie Hamley
Designed by Cathryn Gilbert

Franklin Watts, an imprint of Hachette Children's Group
Part of The Watts Publishing Group
Carmelite House
50 Victoria Embankment
London EC4Y 0DZ
An Hachette UK Company
www.hachette.co.uk
www.franklinwatts.co.uk

Traditional Chinese Edition © 2021 Sun Ya Publications (HK) Ltd.
18/F, North Point Industrial Building, 499 King's Road, Hong Kong
Published in Hong Kong, China
Printed in China

目錄

挫折是什麼？

　　當你做不到一些事情，或得不到想要的東西時，挫敗和灰心的感覺就會出現。

　　此外，每當你急不及待、弄不明白某些事情、別人不聽你說話，或者你嘗試多次仍失敗，這些情況也可能令你感到挫敗。

爸爸，你都沒聽我說話啦！我什麼時候才能出外跟朋友玩耍？

如果事情沒有像你預期般發生，或你找不到想要的東西，你也可能會感到灰心。

情形就像你正想去一個地方，路是走對了，可是途中卻有些障礙物。你靠近去看，雖然見到了目的地，卻就是沒辦法到達。

場地關閉

當你遇到挫折，會有什麼感覺？

當你遇到挫折時，可能會感到越來越緊張或越來越生氣。你會覺得全身繃緊，像發熱一樣。也許你會咬緊牙齒、抓緊拳頭。

　　挫折也會令人感到無助。你可能會心情低落，不知道該怎麼辦，覺得事情不值得再去努力了。

當你灰心時，會做什麼事？

當你灰心時，會暴跳如雷嗎？會大吵大鬧嗎？會摔東西嗎？甚至把它們四處扔？

你可能會很生氣，最後，更氣得把手頭上原本正在努力做的事情也毀掉了。

哇啊啊啊！

你或者會抑制情緒，但內心的怒氣卻滾燙起來？

你也可能會感到難過而哭起來。也許你會停下來，乾脆放棄，不再做那件事。

挫折滾輪

　　灰心、挫敗的感覺令你感到自己好像在滾輪上一直跑。隨着滾輪轉動，你感到越跑越生氣，越跑越沮喪。然而，滾輪只會越轉越快，這樣你就更難令滾輪停下來。

　　情況就好像你越努力嘗試，事情就會變得越困難。而且，你越灰心，同時也會感到越生氣、越難過。

灰心的**感覺**帶出了什麼信息？

　　有時候，灰心的感覺會告訴你，你正在做的事是行不通的。

　　也有些時候，灰心的感覺是個成功的預告。它告訴你，只要你能清除這種氣餒的情緒，事情很快就能成功。

　　當灰心的感覺告訴你，你很快就會把事情弄明白時，說不定該是時候嘗試別的方法了。

灰心的感覺也許是提醒你要保持冷靜，再努力多一陣子。

我們一直在努力嘗試，相信很快就會找到終點的。

事情不會總是按着你預期般發生，可是，你還是可以做點事！

你可以學習一些有效的方法去面對挫折。

留意挫折發出的信號

你上一次感到灰心是什麼時候？你當時有什麼感覺？你做了什麼事？

那時候，你感到生氣嗎？你很想用盡全力大叫？還是你很想放棄，不願意再為那件事煩惱？

這些也是警告信號，讓你知道灰心的感覺正逐漸形成。

這些信號提醒你要從滾輪上退下來，不要再打轉了。

嘗試冷靜下來

當灰心的感覺逐漸形成，若你注意到相關的信號，就知道是時候冷靜下來了！

這裏有一些提議：

深深吸氣，由一數到四；然後呼氣，再由一數到四。每次你呼氣時，想像自己把灰心的感覺全部呼走。重複這個動作數次。

你可以用力擠枕頭，
並告訴自己，現在就把灰
心的感覺擠出來。

你也可以原地快跑，好讓
灰心的感覺爆發出來。

我現在感覺好多了。

又或者你只
想哭一會兒，好
把灰心的感覺發
洩出來。

遭遇挫折，退後一步

如果你不斷嘗試做某件事，可是事情就是不如理想，那麼，你不妨停下來休息一下。

很多時候，當你苦苦掙扎，或要做一些很困難的事，挫折總會出現。要是你改變一下，做些簡易的活動，例如畫畫和看書，就可以平伏心情；另外，你也可以伸展身體，像是踢球、踏單車。

停一停，歇一歇，
這樣，你就有時間平伏
心情，使自己舒服一
點，也能好好的思考。
然後，你會較容易想出
更有效的解決方法。

把事情拆成一個個步驟

當你平伏心情後，也許會打算再試一次。有時候，把事情拆成一個個步驟來做是奏效的。你可以想一想怎樣每次只做一個小步驟，而不是試圖一次過把事情辦妥。

艾莉絲正努力學習一個滑板花式動作，但她就是學不會。

她漸漸灰心起來。於是，她到屋子去，跟她的小狗玩一會兒。

艾莉絲冷靜下來後，就決定再試一次。她冷靜地想想，自己可以怎樣一步一步來，好學會那個花式動作。首先，她練習跳上滑板。

然後，她練習同時翻板和跳躍。

最後，她確保自己雙腳能再次踩在滑板上。終於，她能夠把這些步驟連起來，完成了這個花式動作。

試試其他方法

　　有些時候，也許你必須試試另一個方法，才能辦妥事情。

　　史提夫的家課是要製作火箭模型，他打算用上一個空膠樽、一些紙張及卡紙。他往回收箱裏頭看一看，卻找不到空膠樽。他又到廚櫃找找看，但所有瓶子都是滿滿的。

　　史提夫開始感到氣餒，可是，當他察覺到灰心的感覺逐漸形成，就停下手上的工作。史提夫深呼吸一口氣，想想接下來可以做的事。於是，他決定找找其他合適的材料。最後，他在回收箱裏找到紙筒，就用它來取代空膠樽。

做做**別的事**

等待可以是一件很惱人的事！當你為某件事等得不耐煩的時候，不妨做做別的事。

馬可斯和弟弟正輪流玩遊戲機。馬可斯發現自己開始等得不耐煩和焦躁，就決定做做別的事，直至弟弟玩完為止。

　　戴菲在嘉年華會已等候了十分鐘，仍然未能乘搭摩天輪，她開始焦急了。戴菲排的隊伍移動得很慢，她就越等越氣餒。於是，爸爸提議他們一邊排隊，一邊玩「我是小間諜」猜謎遊戲。

請別人幫忙

有時候，你可能因為想不通某件事而感到灰心。假如你看見其他人能夠輕易辦到，你會感到更難受。

可是，你不用灰心，也不用絕望，你是可以請別人幫忙的！告訴他們，你感到懊惱，很想別人幫一把。

祖爾正在為功課煩惱，
因為他解不明題目。

他開始感到挫敗。於是，他決定找其他人幫忙，而不是發火或放棄。他請求姊姊海蒂。

當然可以啦！你有什麼功課要做？

我就是不會做！功課真惱人啊！你可以幫我嗎？

把挫折放下

　　有時候，你不能使事情按你所想的那樣，或是在你希望的時間發生。也許無論你多努力，你就是沒辦法把事情做得跟預期般好。也有些時候，你沒法改變自己不喜歡的情況。

為什麼我們不能上電影院？上星期媽媽說帶我們去，結果沒有。這星期我們又去不了！

我明白你的感受，我也覺得惱人。可是她公司臨時要求她上班，也沒法子啊。不如我們改到公園玩吧！

與其使自己越來越灰心，倒不如試試放下挫折。

要放下挫折，你可以提醒自己：假如你已不能改變情況，發火或難過也是沒有用的。這樣做既不能改變事情，也不會使事情好轉。

你反而可以做做別的事，就是其他你喜歡的事。

遭遇挫折，別灰心

現在，你已明白挫折是什麼了。當事情沒有像你預期般發生，你就會灰心起來。打個比喻，你想做的事情、想要的東西就在前方，可是你在途中卻遇到障礙。即使向它靠近，卻始終觸不及。但你已學會面對挫折，讓我們重溫一下這些方法：

* 留意挫折發出的信號
* 想想灰心的感覺帶出了什麼信息
* 停下來，做些簡單的活動，使自己心情平伏下來
* 試試其他方法，把事情拆成一個個步驟來做
* 做做別的事
* 請別人幫忙
* 放下挫折

如果灰心的感覺強烈得難以應付，你就要請大人幫忙。除了尋找認識的人幫助外，你亦可以向提供兒童輔助服務的機構諮詢，以下是一些機構例子：

* 社會福利署（https://www.swd.gov.hk）
* 東華三院（https://www.tungwahcsd.org）
* 香港小童群益會（https://www.bgca.org.hk）
* 香港保護兒童會（https://www.hkspc.org）
* 香港明愛家庭服務（https://family.caritas.org.hk）

現在，你已學會如何察覺灰心的感覺。

也學會怎樣跟挫折說再見！

活動

　　以下的畫畫和寫作活動能幫助你思考如何應付挫折。你可以把圖畫和寫下的文字跟這本書放在一起，這樣，將來某些事令你灰心時，你就可以重溫自己想出來的應付方法了。

- 對着鏡子裝出一個灰心的模樣。然後，把灰心的臉孔畫下來。

- 回想一次你感到灰心的經歷。你當時做不了什麼事？或有哪些事沒像預期般發生？你當時有什麼感覺？你做了些什麼事？你可以畫一幅畫，或寫一個故事，把那次經歷記錄下來。

- 你覺得自己會發出哪些「挫折警告信號」？你可以把感到灰心時的身體變化畫下來。

- 你可以怎樣趕走挫折，使自己平靜下來，想想更有益的事？把你可以做的事寫下或畫出來。

- 欣蒂亞感到灰心，因為她就是沒辦法在電腦遊戲裏過關。你覺得欣蒂亞可以怎樣做呢？給欣蒂亞寫封信，告訴她下次再為遊戲過關而煩惱時，她可以做些什麼事。

- 湯姆跟兄弟姊妹玩耍時，他們有時候不會理會湯姆提出的遊戲或活動方法。湯姆感到灰心，也覺得難過。他們又取笑湯姆，於是，湯姆就更灰心、更難過了。你有沒有一些辦法可以給湯姆呢？給他寫封信，談談你的看法。

給老師、家長和照顧者的話

　　想要的東西得不到、難題沒法解決、無力改變現狀、出盡全力都見不到成果……這些挫折都會使孩子灰心和自覺無能為力。如果孩子經常感到沮喪，他們也許會認為，無論自己怎樣努力，最後都不能改變什麼，或是得不到成果。

　　孩子遇到挫折時，會怎樣去應付呢？這就看你怎樣待他們了。如果你生孩子的氣，他們可能會灰心喪志，甚至會突發狂怒，然後一下子陷入絕望。這樣，孩子就更難學會找出問題的根源，對症下藥。反過來說，孩子灰心時，你先跟孩子交談，讓他們說說出現了什麼問題，再問問他們要不要別人幫忙。這樣，孩子就會較容易平伏心情，並樂意聽從你的指導，想出應對的方法。

　　孩子須要學習一些技巧和方法，《遭遇挫折，別灰心》正是幫助孩子明白他們可以怎樣面對挫折。

　　幫助孩子平伏心情、面對挫折，是有一套方法的。你可以教孩子從挫敗的情緒中抽身而出，這樣，他們就能保持頭腦冷靜，好好思考解決事情的辦法。例如，他們可以把複雜的事情分階段處理，每次只做一點，做起來就會較容易。孩子也可以試試其他方法，以求把事情完成。

　　雖然你的孩子可以自己讀這本書，但要是你能跟孩子一起讀，大家的得益就更大了。你的孩子可能喜歡一口氣把這本書讀完，但有些孩子卻喜歡每次讀幾頁，這樣他們會較易掌握和明白書中的內容。無論是哪個方法，你都可以找到很多話題來跟他們討論。不妨跟他們談談哪些情況會使他們灰心，也可討論一下插圖中的人物。問問孩子：你曾有這種感受嗎？你覺得這個方法怎麼樣？這個方法對你有用嗎？

　　灰心過後，收拾好心情，不妨教孩子回頭想想，事情發展得怎樣？孩子有沒有更了解自己？哪些事能幫助他們？哪些事卻是對他們沒有幫助？不論孩子付出了多少努力，也要稱讚他們。這樣，孩子就更有信心，將來再遇挫折，都能應對得宜。如果事情發展得未如理想，就要跟孩子談談，幫助他們嘗試用別的方法。

　　讀過這本書和確認了哪些方法能幫助孩子後，你可以重溫本書內容，提醒自己還有哪些方法和提議在日後或許有用。如果你願意對孩子付出時間、耐心，支持和鼓勵他們，孩子就一定能學會應付挫折。如果你擔心孩子經常受灰心的情緒影響而感到氣憤及苦惱，不妨徵詢醫生或專家的意見。